Phil Bosmans

JA zum Leben

Herder
Freiburg · Basel · Wien

Inhalt

Liebe Freunde!

In unserer Welt hat sich eine große Traurigkeit breitgemacht, eine fast unheilbare Traurigkeit. Wir leben in einer großen Wüste. Wüste ist das Land, in dem nichts mehr wächst, ein Land ohne Freude und Behaglichkeit, ein Land, in dem die Menschen nicht mehr füreinander da sind. Es gibt heute viele Menschen, die zu viel besitzen und an nichts mehr Freude haben, die nichts mehr genießen können.

So viele leiden an der Unfähigkeit,
in Frieden miteinander zu leben
und ein bißchen glücklich zu sein.

Menschen sind müde und mutlos, und unter einer hautdünnen Oberfläche lauert die Angst. Dabei sind wir hier im Westen trotz der Wirtschaftskrise keineswegs in materieller Not. Die elementaren menschlichen Bedürfnisse sind mehr als befriedigt. Nahrung und Kleidung sind genug da, zu Bergen aufgestapelt ein unvorstellbarer Überfluß. Unsere Krise ist eine geistige Krise, das ist ganz deutlich. Täglich dringt menschlicher Wahnsinn durch Presse, Funk und Fernsehen in alle Wohnungen, eine beinahe tödliche Dosis von Gewalt und Unrecht, Terror und Zerstörung. Die geistige und moralische Belastung ist zu schwer für uns schwache Menschen.

Liebe Freunde, ich kenne Euch nicht, aber ich denke, daß Ihr einfache gute Menschen seid. Und ich höre Euch sagen: Was können wir denn schon machen? Dies möchte ich Euch ans Herz legen: Wir können viel, sehr viel. In einer großen Wüste können wir kleine Oasen sein, wo alles wieder anfängt, zu wachsen und zu blühen. Laß die Jammernden jammern, laß die Schwarzmaler schwarz malen! Optimisten leben länger. Wir müssen die Krise entdramatisieren.

Wir müssen in unserer Wüste Blumen pflanzen, in unserer Nacht Sterne säen, ohne ständig zu fragen, was dabei herauskommt. In dieser Zeit der Energiekrise müssen wir eine neue Energie erschließen, die gewaltige, aber ganz in Vergessenheit geratene Ur-Energie: Liebe.

Für mich ist Liebe eine wunderbare Lebenskraft, sichtbar und voll entfaltet in Jesus von Nazaret. Ich höre seine Stimme, wie sie in die Wüste ruft: „Wenn einer Durst hat, soll er zu mir kommen und trinken. Das Wasser, das ich euch gebe, wird in euch zu einer Quelle werden. Ein Strom lebendigen Wassers wird aus euch entspringen." Wo eine Quelle ist, da kann eine Oase wachsen. Wasser ist ein gewaltiges Naturelement. Ein Tropfen kann einer Blume die Kraft geben, sich wieder aufzurichten.

Nur Wasser kann eine Wüste verwandeln. Wasser ist Leben. Liebe ist lebendiges Wasser.

Liebe Freunde, laßt uns kleine Wasserträger sein in einer großen Wüste, eine kleine Oase. Einfache gute Menschen sind heute die einzigen Lungen, durch die unsere Welt noch Luft bekommen kann.
Mut und Vertrauen! Ich sehe Menschen am Horizont, Menschen aus allen Klassen und Schichten und Lagern. Eine neue Welt ist im Werden. Es wächst ein neues Bewußtsein für die Werte, die uns durch den wissenschaftlich-technischen Fortschritt verlorengingen. Das Licht kommt und mit ihm Mut und Vertrauen.

Phil Bosmans

Dazu, mein Lieber, bist du doch geboren

Die Straßen sind voll von
todernsten Menschen.
Menschen, die für nichts
und für niemand Zeit haben.
Erschöpfte und tieftraurige Menschen.

Lieber Mensch,
wo ist dein Mut geblieben?
Was hat deine Stimme so müde gemacht?
Wo ist das Licht in deinen Augen?
Hat die Krise dein Gemüt verdüstert,
dein Lächeln zu einer Grimasse entstellt?

Hör zu!
Schwermütige Menschen lähmen das Leben.
Lebensmüde Menschen ersticken die Freude.
Freudlose Menschen begraben die Hoffnung.
Menschen ohne Hoffnung säen Verzweiflung.

Angst verbraucht ungeheuer viel Energie
und macht die Menschen fertig.
Angst legt heute die Kräfte lahm,
die wir morgen brauchen,
um das befürchtete Unglück zu überstehen.

Lieber Mensch,
dazu bist du doch geboren:

um zu lieben,
um geborgen zu sein
und Geborgenheit zu geben.

Sag nicht, das sei leeres Geschwätz oder hohles Gefühl. Lebensfreude und Geborgenheit sind kein Zuckerguß, der uns über die Bitterkeit des Lebens betrügt. Lebensfreude und Geborgenheit fallen uns nicht von selbst in den Schoß. Wir finden sie nicht an der Oberfläche des Lebens. Wir müssen weiter suchen, durch die Schwierigkeiten hindurch, in unserem eigenen Herzen. Und da läßt sich viel machen. Kinder suchen Licht in den Augen der Erwachsenen. Wahrheit wird nur ernst genommen, wenn jener, der sie sagt, damit wirklich glücklich geworden ist.

Das wünsche ich dir:

Mut wie die Morgensonne,
die über dem Elend dieser Welt
dennoch Tag für Tag neu aufgeht.

Ist die Krise eine Katastrophe oder ein Segen?

Krise ist ein altes griechisches Wort. Ursprünglich bedeutet es Unterscheiden, Entscheidung, Gericht. Krise könnte man als eine Art von Geburtswehen bezeichnen. Sie ist ein Signal, eine Aufforderung. Die Kopfschmerzen und die Übelkeit eines „Katers" sind eine Aufforderung, über dein Gestern nachzudenken. Bauchschmerzen sind ein Signal, anders zu essen. Die Krise des Westens äußert sich wie Bauchschmerzen infolge materieller Übersättigung und entlarvt unsere wirkliche Krise: die Armut an Geist und Herz. Wir können weniger kaufen, weniger konsumieren. Es ist weniger Geld für Luxus da. Ist das eine Katastrophe oder ein Segen?

Jetzt jammern wir über unseren Krisenschmerz. Jahrelang ließ uns die Tatsache ungerührt, daß Millionen Menschen an Hunger sterben, während wir Fleisch und Butter zu Bergen stapeln und Unsummen für den krankhaften Rüstungswettlauf ausgeben.

Es gibt zwei Auswege aus der Krise. Entweder die Katastrophe, wenn jene einzelnen und Gruppen, die über Macht verfügen, mit Hilfe dieser Macht nur ihre eigenen Interessen und Privilegien verteidigen. Oder die Loslösung von einem Verhalten, das auf den schwachen, machtlosen Menschen keine Rücksicht nimmt und die Habsucht des Stärkeren gesetzlich verankert.

Die Krise kann ein Segen sein! Sie läßt uns nachdenken über die wahren Lebenswerte. Wir müssen uns entscheiden, was wirklich wichtig ist. Werden die Gruppen lautstark auf ihre Vorteile pochen? Werden die einzelnen sich noch mehr abrackern, um keines ihrer Luxusspielzeuge zu verlieren? Werden wir alle unseren Planeten weiter verschmutzen und verpesten?

Oder werden wir anders leben: einfacher und natürlicher, schlichter und menschlicher? Werden wir endlich anfangen, nach dem Maß des Menschen zu leben, auch des schwachen Menschen? Weil jeder Mensch der Mühe wert ist, auch Kinder und Alte, Kranke und Hilflose? Wird die Krise uns beibringen, daß wir mit weniger viel weiter kommen?

Ohne Luxus lebt sich's leichter.

Eine neue Zeit

Es wird eine neue Zeit geboren.
Geburt ist mit Schmerzen verbunden,
manchmal mit viel Schmerzen,
mit Geburtswehen.
Wir brauchen Menschen,
die wissen, wo die Wunden sind,
die den Grund der Schmerzen kennen
und die den Finger auf die Wunden legen,
sanft und sachgerecht zugleich.

Wir brauchen Menschen wie Franziskus –
ein armer Mann Gottes
ohne Ehrgeiz und Anmaßung,
ein kleiner Mann, der heilen kann,
gerade weil er arm ist,
voller Freude und Güte,
ein kleiner Bruder,
der alle und jeden liebt,
mit einer Liebe ohne Maß.

Mit Gewalt geht alles ... kaputt!

Gewalttätige sind Bulldozer.
Sie dringen überall vor.
Sie walzen alles platt,
was zart und schwach
und leicht zu verletzen ist.
Wo sie in der kleinen Welt
von Ehe und Familie regieren,
wird das Leben zur Hölle.
Wo sie in der großen Welt auftauchen,
hinterlassen sie Verwüstung,
Angst und Verzweiflung.

Gewalttätige machen alles kaputt.
Alles menschliche Zusammenleben
wird verseucht.
Alle Lebensfreude
und alle Geborgenheit stirbt.
Täglich bekommen die Menschen
durch Presse und Fernsehen
eine beinahe tödliche Dosis
von Gewalt und Terror vorgesetzt:
Besetzungen, Überfälle, Geiselnahme,
Bestialitäten und Mord.
Täglich werden Menschen
das Opfer von Menschen.
Auf das Glück der Menschen
fällt der Schatten der Gewalt.
Aber Gewalt kann man nicht
mit Gewalt heilen.
Wir müssen
den Weg der Gewalt verlassen
Wir müssen neue Wege gehen.
Den Weg zur Menschlichkeit.
Den Weg zur Liebe.

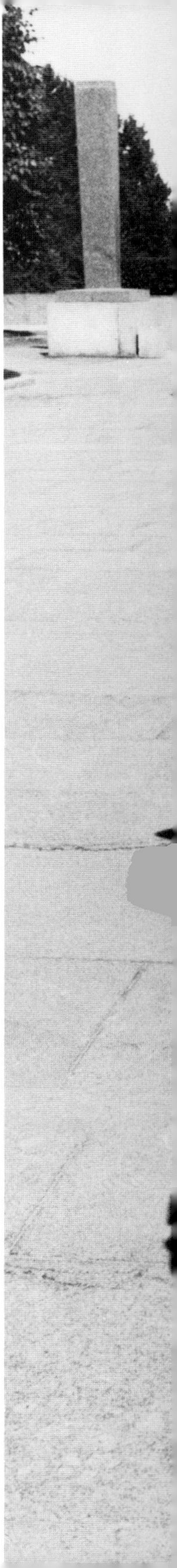

Abrüsten!

Unser Land produziert sehr viele Waffen. Und Millionen von Menschen leiden Hunger. Bilder von Krieg und Gewalt kommen täglich in unser Wohnzimmer. Wir haben es satt. Wir wollen Frieden.

Aber wieviel Frieden haben wir unter uns? Es gibt nicht nur die Waffen aus den Rüstungsfabriken. Es gibt auch das Trommelfeuer böser Worte. Es gibt auch den endlosen Stacheldraht unserer Empfindlichkeit und den ewigen Kampf um Besitz, Prestige und Macht.

Rüstet im eigenen Herzen ab!

Euer Haus, euer Dorf, eure Stadt, euer Land soll nicht mehr länger ein Schlachtfeld sein, wo Menschen immer nur Forderungen an Mitmenschen stellen und wo ständig das Recht des Stärksten regiert. Macht Frieden in eurem Herzen und in eurem Heim, dann besitzt ihr die Kraft, um euch für den Frieden in der Welt einzusetzen. Wenn die Menschen sich nicht in ihrem Herzen verändern, werden sie morgen neue Waffen machen.

Frieden:

ein Vogel mit weißen Flügeln,
der dein Herz erleuchtet
und an dem Himmel deines Hauses
die Sterne wieder anzündet.

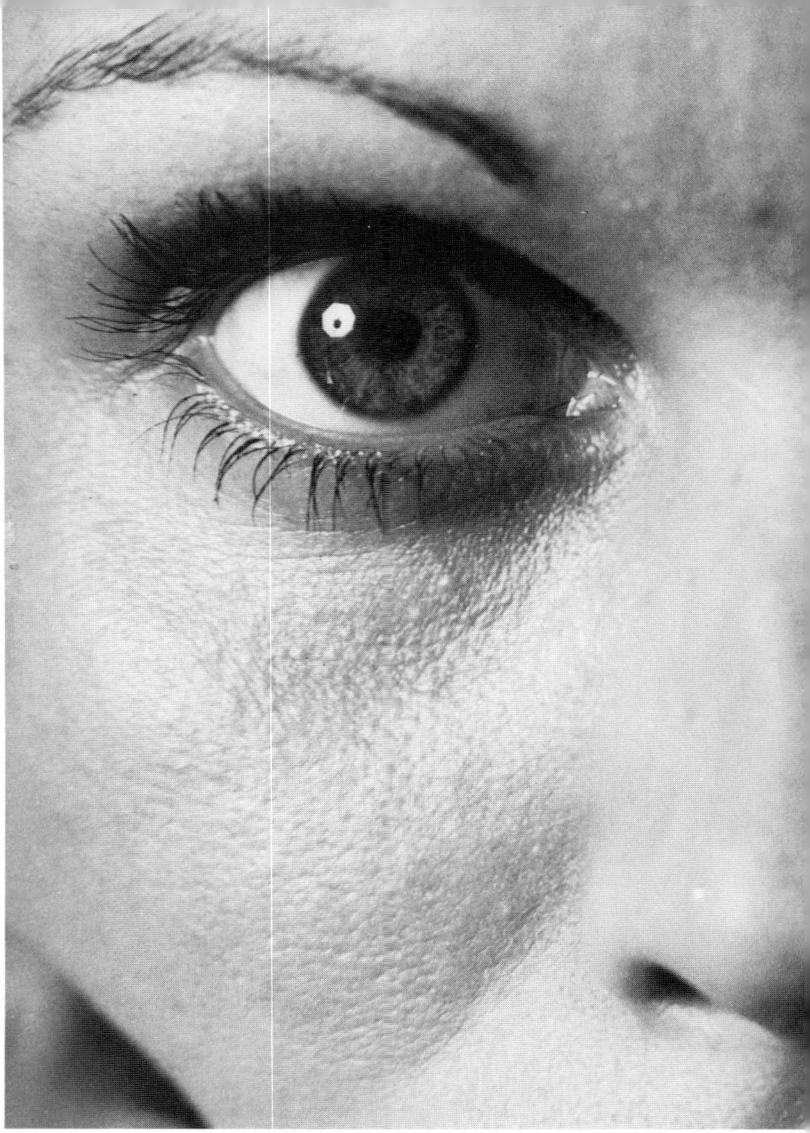

Es gibt Sterne

Wenn die Lichter der Menschen verlöschen
und der Lärm der Welt verstummt,
dann sehen wir die Sterne,
dann hören wir wieder die Stille.
Es gibt Sterne in der Nacht,
die wir noch nie gesehen haben.
Wenn es noch dunkler wird,
leuchten sie.
Hoffnung ist da, ein Ausweg,
denn du siehst weiter.
Du schaust wieder nach oben.

Wenn die Krise
alles verfinstert hat,
werden Kinder des Lichts
die Sterne anzünden.

Durch Liebe

Alle Wüsten der Menschen können wieder fruchtbar werden. Durch Liebe! Liebe ist wie lebendiges Wasser, eine kosmische Kraft, eine unerschöpfliche Urenergie.

Wir brauchen nicht zu verzweifeln. Die Krise kann uns neue Wege zeigen, um als Menschen zu überleben. Die Krise wird uns von der dichten Schicht befreien, die uns einzwängt und alle Poren verklebt. Wenn unsere Haut frei ist, werden wir wieder atmen können.

Es muß ein neues Bewußtsein für die verschütteten Lebenswerte wachsen. Lebendige Menschen müssen Leben bringen. Alles hängt an einer neuen Lebensweise, an einem neuen Herzen.

In der Wüste
bist du nicht verloren,
wenn du glauben kannst
an die Oase.

Der Vogel 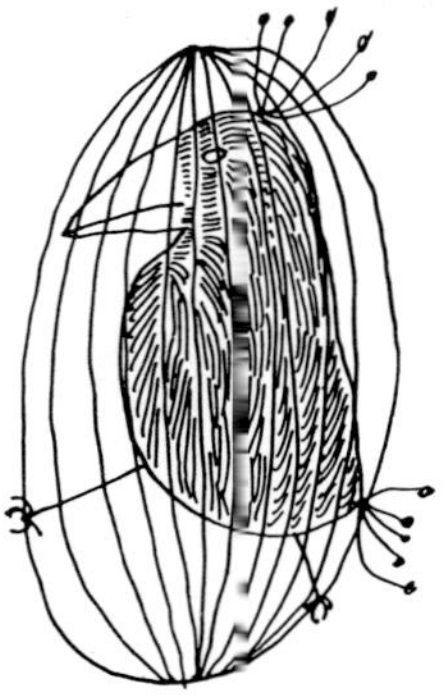 *im Käfig*

Es gibt Vögel, die sitzen
in einem Käfig gefangen,
und dennoch singen sie.
Du warst ein fröhlich
zwitschernder Vogel,
und nun sitzt du da
mit einem gebrochenen Flügel.
Alles ist festgefahren,
alles ist dunkel
wie in einer schwarzen Nacht.
Du weißt nicht mehr,
ob du noch leben willst.
Aber dein Geist
ist stärker als dein Leib.
Er zündet wieder ein Licht an,
vielleicht nur ein kleines Licht.
Ein winziger Kerzenschein.
Aber du siehst doch wieder etwas.
Und dann sind Freunde da,
die dich mit dem Leben versöhnen.
Deine Frau, deine Kinder, deine Angehörigen:
Sie alle brauchen dich und dein Lächeln,
deine Gegenwart, deine Zuneigung.

Immer ist ein Weg da

In jedem Stern ist so viel Licht,
und in jeder Nacht sind so viel Sterne,
daß wir – auch wenn es ganz dunkel wird –
noch immer einen Weg finden werden
und daß wir für jene, die nicht mehr sehen,
zum Weg werden können.

GUCKKASTEN
Geheimnisse

Überleben durch „anders“ leben

Sonniger leben,
fröhlicher leben,
gesünder leben,
glücklicher leben!

Auf dem Gipfel des Wohlstands
stirbst du als Mensch.
Vielleicht bist du schon tot?
Tot mit vollem Bauch
und leerem Herzen.
Tot in allem Wohnkomfort.
Gestorben an der Gier nach Geld,
besessen von deinem Besitz.

Mach dich zum Leben auf! Lebe!

Den Kopf reinigen
von der Jagd nach immer mehr.
Das Herz entwirren
von den tausend Verstrickungen
an törichte Begierden.
Sich von den Dingen lösen,
die man nicht braucht.

Mach dich zum Leben auf! Lebe!

Freude wird deinen Geist erfüllen,
Mut zum Leben.
Dein Haus strahlt Wärme aus,
menschliche Wärme und Geborgenheit.

Deine Augen sehen wieder
die Blume, die blüht.
Deine Ohren hören wieder
den Vogel, der pfeift.
Du arbeitest mit deinen Händen.
Herrlich schmeckt ein Stück Brot,
ein Glas frisches Wasser.
Wenn die Sonne scheint,
fängst du an zu tanzen,
und im Regen kannst du pfeifen.

Und du wirst spüren:
Wir sind gemacht für die Freude.

Ein Grashalm

zaubert den Frühling nicht herbei.
Aber soviel Kraft hat er,
um mit seinem grünen Leben
den toten Asphalt zu durchbrechen.

Eine Wüste kann ich
nicht an einem Tag verändern.
Aber anfangen kann ich
mit einer Oase.

Die Sonne geht an keinem vorbei.

Sie läßt auch dich
nicht liegen,
wenn du dich nicht
im Schatten verkriechst.

Es ist Frühling

Liebste Zwiebel,
woher weißt du, daß Frühling ist?
Vor einem Jahr,
da holte ich dich ins Zimmer
und legte dich ins Regal,
in den Schatten eines Buches.
Nichts machte ich mit dir,
überhaupt nichts.
Ich wartete nur.
Vielleicht auf die Stunde,
da du mir schmecken würdest …
Ein ganzes Jahr lagst du da.
Und nun – auf einmal wachst du auf.
Du hast keine Sonne gesehen.
Du hast kein Wasser bekommen,
nichts außer meinen liebevollen Blick.
Jetzt, auf einmal kommst du hervor,
um mir zu sagen:
Es ist Frühling.

Wer hat das in dein Herz geschrieben?
Ich will dem Unsichtbaren danken,
der dich programmiert hat,
der dich in aller Stille
so intensiv leben läßt.
Ein Wunder!
Man mag es wissenschaftlich
in allen Einzelheiten analysieren,
aber das Wunder wird dadurch
nicht aus der Welt geschafft,
ebensowenig wie die Botschaft,
die du mir bringst:
Es ist Frühling.

So ein wunderbarer Frühlingstag,
so ein herrlicher Sonnenschein,
so ein paradiesisches Grün,
so viele Blumen
und so viel Vogelgezwitscher!
Dafür will ich monatelang
Regen und Kälte ertragen.

Ein Bund Radieschen

Ich hatte Radieschen gesät,
winzig kleine Samenkörnchen.
Ich konnte sie kaum
zwischen meinen Fingern halten.
Ich ging schlafen, ich stand auf.
Es regnete, die Sonne schien.
Ich machte meine Arbeit
und vergaß die Radieschen.

Aber drei Wochen lang
hat sich einer mit ihnen abgegeben.
Er hat die Radieschen im Schoß der Erde
mit Liebe empfangen und genährt.
Nun waren sie dick,
an die fünfhundert Mal so dick
wie die Samenkörnchen,
die ich in die Erde gelegt hatte.
Wochenlang konnten wir
herrlich frische Radieschen genießen.

Eine phantastische Liebe ist eingebaut in die Natur.

Nimm dir Zeit,
um einmal in aller Ruhe
eine Blume anzuschauen,
aufmerksam und mit Liebe.

Willst du vertraut werden
mit einem Baum,
dann schau gut hin,
was er dir zeigt.
Du wirst seinen Reichtum
und seine Armut sehen:
sein Erwachen und Blühen
im Frühling,
seine Früchte im Sommer,
sein Sterben im Herbst
und sein Totsein im Winter.
Willst du vertraut werden
mit einem Baum,
dann vergreife dich nie
an seinen Wurzeln,
sonst stirbt er für alle Zeiten.
So ist es auch
mit einem Menschen.

Blumen blühen,
auch wenn keiner zuschaut.
Bäume tragen Früchte,
ohne zu fragen, wer sie ißt.

Es bleibt nicht viel Zeit,
um glücklich zu sein.
Die Tage sind schnell vorüber.
Das Leben ist kurz.
Träume schreiben wir
in das Buch unserer Zukunft,
und eine unsichtbare Hand
durchkreuzt uns die Träume.
Es bleibt uns keine Wahl.
Können wir heute
nicht glücklich sein,
erwarten wir
nicht zuviel von morgen!

Pack diesen Tag an
mit deinen beiden Händen.
Nimm gern entgegen,
was er dir gibt:
das Licht dieses Tages,
die Luft und das Leben,
das Lachen dieses Tages,
das Weinen und das Spielen,
das Wunder dieses Tages.
Nimm diesen Tag entgegen!

Du lebst nur einen Tag: Heute!

In einem kleinen Dorf, irgendwo im Land, lebte ein alter, weiser Mann. Er war neunzig Jahre alt geworden und sah zufrieden und glücklich aus. Da sagte einer zu ihm: „Ein schönes Leben hast du, so ein langes Leben." Der Alte zog kräftig an seiner Pfeife und antwortete: „Du lebst nur einen Tag." Das hatte ihn das Leben gelehrt.

Du lebst nur einen Tag: Heute!

Um wirklich zu leben,
mußt du heute leben.
Das Leben ist kurz
und geht schnell vorbei.
Wenn du heute nicht lebst,
hast du den Tag verloren.
Verdüstere deinen Geist nicht
mit Angst und Sorgen von morgen.
Beschwere dein Herz nicht
mit dem ganzen Elend von gestern.

Heute leben!

An das Gute von gestern
magst du getrost denken;
träume auch von schönen Dingen,
die morgen kommen mögen.
Aber verliere dich nicht
ins Gestern oder ins Morgen.

Heute leben!

Jeden Tag neu anfangen

Jeden Tag einen Punkt machen,
die Seite umblättern
und neu anfangen.
Wenn wir keinen Punkt machen,
sitzen wir hoffnungslos fest.
Geben wir jeden Abend
unser vollgeschriebenes Blatt ab,
so wie es ist.
Legen wir es
in die Hände eines Vaters,
dann können wir
morgen neu anfangen.

Ein glücklicher Mensch zählt doppelt

Ein glücklicher Mensch
lebt zufrieden und verbreitet bei den Menschen um sich herum Frieden. Seine Fröhlichkeit zieht die Kinder an. Er denkt an das Gute bei den anderen und hat viele Freunde. Er bringt Licht, wo es dunkel ist.

Ein glücklicher Mensch
verliebt sich nicht in seine eigenen Probleme. Er tut selbst etwas und erwartet nicht alles von anderen. Er denkt nicht, Glück sei wie das große Los in der Lotterie, sondern er weiß: Glück ist wie ein Schatten, der dir folgt, wenn du nicht daran denkst; es ist wie ein Echo, das antwortet auf die Gabe deiner selbst.

Ein glücklicher Mensch
bringt Segen, ein unglücklicher Mensch macht Sorgen. Ein glücklicher Mensch ist nicht gefährlich. Er hat erfahren, daß Glück aus vielen Teilen besteht und daß immer irgendein Teil zu kurz ist, aber darauf starrt er nicht, sondern freut sich an dem, was er hat.

Nur ein glücklicher Mensch
kann andere glücklich machen.

Glück kann man nicht kaufen. Zum Glück!

Glück ist unbezahlbar. So viele Menschen sind unglücklich, weil sie meinen, Glück könne man kaufen. Wer viel Geld hat, kann sich innerlich arm kaufen. Wer wenig Geld hat, fühlt sich häufig ausgeschlossen vom Glück. Aber mit Geld kaufen wir nur Glück zum Schein, und das Gefühl der Unzufriedenheit werden wir nicht los. Geld ist nur notwendig, um menschenwürdig zu leben. Darüber hinaus wird es zum Hindernis, um glücklich zu leben. Wollen wir glücklich werden, müssen wir abgeben, und zwar die großen Groschen zuerst.

Lebenskunst: mit wenig glücklich sein.

Der Preis für das Glück

Wenn wir glücklich sein wollen,
müssen wir einen Preis dafür zahlen.
Der Preis für unser Glück:
daß wir uns selbst geben,
nicht mehr und nicht weniger.

Sich selbst geben,
das geht nicht mit Fanatismus
oder aus Geltungsbedürfnis,
auch nicht als lästige Pflicht
oder als verkrampftes Opfer.
Es kann nur frei geschehen,
fröhlich und aus Liebe.
Und dann ist mein Glück da:
als Schatten meiner Liebe.

Mit Geld allein bin ich keinen Pfennig wert.

Geld ist etwas Gutes.
Für die meisten Menschen ist Geld
Brot und Leben, eine Notwendigkeit.
Wenn Geld zum Götzen wird,
breitet sich Dschungel in der Welt aus
und in den Herzen der Menschen.
Menschen knien und kriechen vor dem Geld.
Menschen kämpfen und töten für Geld.
Für Geld werden Menschen zu Wölfen,
die einander zerfleischen.
Geldgier macht korrupt und herzlos.
Der Sinn für Menschlichkeit stirbt ab.

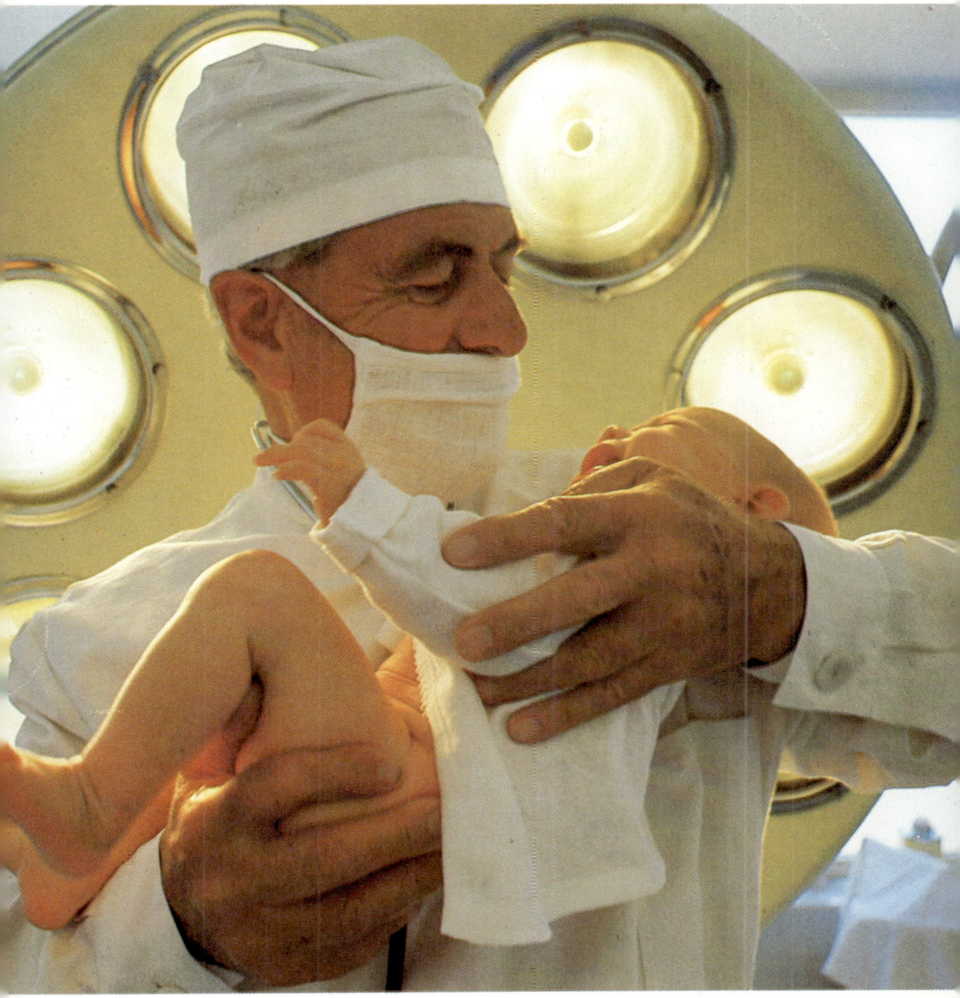

Wie ich bin, ist unendlich wichtiger, als was ich habe.

Mensch, du bist mehr als dein Geld.
Dein Wert läßt sich mit Gold nicht aufwiegen.
Was du mit Geld niemals kaufen kannst,
ist das Kostbarste: Güte, Zuneigung,
Wärme, Wohlwollen, ein zärtliches Zuhause,
Mitleid, Anerkennung, Freundschaft.

Mehr als Geld
brauchst du Liebe.

Die Kaufkraft
des Glücks
heißt Liebe.

Wirklich Mensch
wirst du nur
durch Liebe.

Auch der reichste Mensch stirbt arm!

Auch der reichste Mensch muß alles hinter sich lassen. Das einzige, was er mitnehmen kann, ist der Reichtum seines Herzens, die Liebe, mit der er Menschen geliebt hat. Reichtum an Geld und Besitz macht häufig arm in menschlichen Beziehungen. Der Graben, der so viele trennt und zu Konkurrenten oder gar zu Feinden macht, ist der Graben zwischen Arm und Reich. Solange er nicht überbrückt und zugeschüttet wird, bleiben Reden von Gemeinschaft und Mitmenschlichkeit leere Phrasen.

Reichtum des Herzens ist: ein Lächeln, ein Händedruck, eine freundliche Geste, ein fröhliches Wort. Das Einfachste wird zum Geschenk. Wer den Sinn für diesen Reichtum verliert, sucht Ersatz und wirft sich unersättlich auf tote Dinge. Bei seiner irrsinnigen Jagd nach immer mehr bleibt er todeinsam mit sich selbst, er ganz allein auf der unfruchtbaren Insel seiner selbst.

Der Tod hat uns viel zu sagen, vor allem wenn wir reich sind. Reichtum ist lebensgefährlich. Leicht ertrinkt im Reichtum die Menschlichkeit. Warum wird in unserer Zeit so ängstlich über den Tod geschwiegen? Wenn wir mehr an den Tod denken, lernen wir ruhiger und zufriedener leben.

Hier ist das Leben wichtig, nicht auf dem Mars ...

Hier ist das Leben wichtig,
hier auf diesem kleinen Planeten,
in diesem kleinen Dorf mit Namen „Erde“.
Warum sucht man Leben auf dem Mars,
320 Millionen Kilometer von hier,
wenn Millionen von Menschen
hier auf der Erde nicht leben können?

Warum sterben Menschen vor Hunger?
Warum werden Kinder im Stich gelassen?
Warum gibt es politische Gefangene?
Warum werden Menschen gefoltert?
Warum zählen Unproduktive nicht mit?
Menschen sind Menschen anvertraut.
Warum ist menschliches Leben
selbst im Mutterschoß nicht mehr sicher?

Auch beginnendes menschliches Leben ist menschliches Leben. Es ist genauso unantastbar. Der Schutz dieses Lebens kann nicht von weltanschaulichem Pluralismus abhängig gemacht werden. Eine Ideologie, die die Vernichtung von beginnendem menschlichem Leben rechtfertigt, entspricht genau der Ideologie, die Vernichtungslager rechtfertigte. Menschliche Not muß durch menschliche Hilfe behoben oder gelindert werden, aber nicht durch den tödlichen Angriff auf das Leben selbst. Wo bleiben die Männer beim Abtreibungsproblem? Ist hier ihre Verantwortung beschränkt auf das sachkundige Ausräumen des Embryos?

Laßt uns eine Oase sein,
wo man begeistert ist
vom Leben,
von jedem Leben,
auch von dem Leben,
das sehr viel Mühe kostet.

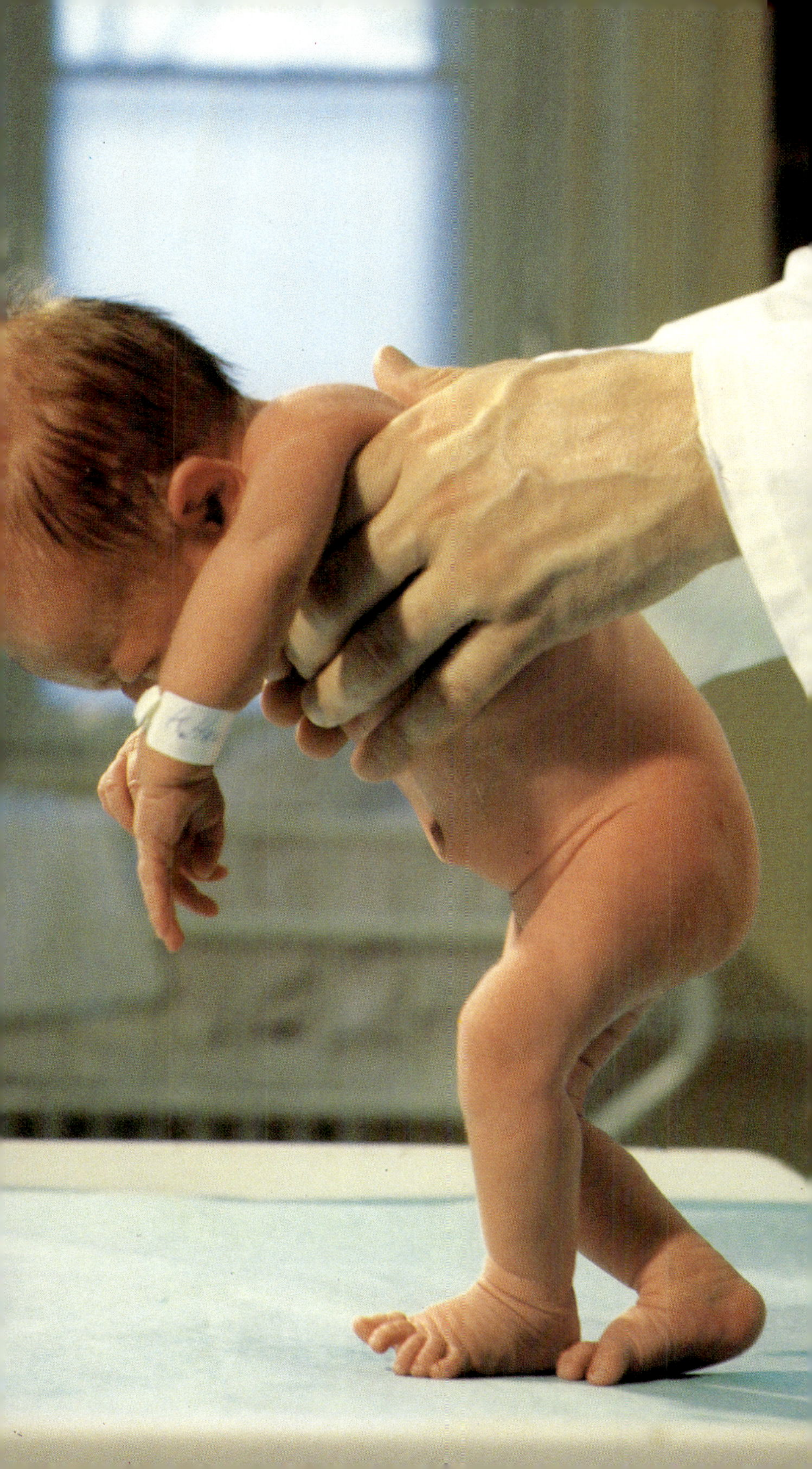

Kannst du dir kein Lächeln leisten?

Schau einmal im Spiegel
auf dein eigenes Gesicht.
Dahinter wohnst du.
An deinem Gesicht kann man sehen,
ob du dir Masken aufsetzt:
eine verächtliche für die unter dir,
eine aalglatte für deinesgleichen,
eine unterwürfige für die über dir;
die sauersüß lächelnde beim Verkaufen,
die gleichgültige bei der Arbeit,
die ungeniert aufschneidende an der Bar,
die verbissene im Verkehr
und die verschlossene zu Hause.

Du wohnst hinter deinem Gesicht.
Dein Gesicht ist Spiegel deines Inneren.
Verträgt dein Gesicht kein Lächeln mehr,
dann ist dahinter etwas faul.
Dein Herz ist krank.
Ein kaltes Gesicht kommt
aus einem kalten Herzen.
Menschen mit sauren Gesichtern
versauern das Leben.

Mach dein Herz gesund.
Bring aus deinem Herzen ein Lächeln hervor,
auf der Straße, am Schalter, im Büro,
im Wagen, bei der Arbeit, zu Hause,
einfach, weil du es schön findest,
einfach so.

Kannst du nicht lachen, kannst du nicht leben.

Menschen brauchen Rückgrat

Menschen können erstaunlich sein.
Mit Begeisterung fangen sie etwas an,
eine Ehe, eine Lebensaufgabe,
den Weg zu einem großen Ziel ...
Sie fühlen sich stark,
bis die Schwierigkeiten kommen,
die harten Stunden, die Rückschläge.
Wenn sie in die Nacht müssen,
bekommen viele Angst und geben auf.
„Ich kann nicht mehr." – „Es wird mir zuviel." –
„Ich habe es satt." – „Warum soll ich das machen?" –
„Die anderen sind schuld, die Gesellschaft,
die Verhältnisse, die Strukturen ..."

Den Menschen fehlt etwas: Rückgrat!
Rückgrat ist Stetigkeit, Standfestigkeit,
Vertrauen zu dir selbst,
zu deiner Leistung,
zu deinem eigenen Wert,
zu deinen Mitmenschen.
Rückgrat ist Herrschaft über deine Gefühle
und über deine Stimmungen.
Rückgrat ist Durchhaltevermögen.

Es gibt Menschen ohne Rückgrat,
die wurden so geboren,
weil ihre Eltern kein Rückgrat hatten.
Wir machen ihnen keinen Vorwurf.
Es gibt Menschen ohne Rückgrat,
die sind so geworden,
weil in ihrer ganzen Erziehung
Werte wie „Mut" und „Charakter",
„Willenskraft" und „Opfer" tabu waren.
Wir müssen nachsichtig mit ihnen sein.

Es gibt Menschen ohne Rückgrat,
denen unter der Last ihres Lebens
das Rückgrat zerbrach
oder denen es zerrieben wurde
durch die Härte der Menschen.
Wir müssen für sie Stimme und Hilfe sein.

Wir brauchen Rückgrat,
um als Mensch aufrecht zu gehen,
und um den Kopf nicht hängen zu lassen,
um Verantwortung zu übernehmen
und um Lasten und Sorgen zu tragen,
um in Stürmen fest zu stehen
und vor Gewalt nicht weich zu werden
und um niemals vor dem Geld zu kriechen.
Wir brauchen Rückgrat,
um durchzuhalten, wo andere aufgeben,
um aufrecht und geradeaus zu gehen
unseren eigenen, freigewählten Weg.

Nur Menschen mit Rückgrat
schaffen eine neue Welt.

Die Hände und der Geist

In der Industrie sind Hände von Menschen zu Händen von Maschinen geworden. Nicht der Mensch, sondern die Maschine diktiert. Die Maschine bestimmt den manchmal unmenschlichen Arbeitsrhythmus. Solche Handarbeit ist geisttötend und nimmt dem Menschen alle Arbeitsfreude.

Hände sind wunderbar.

Kein Apparat der Welt ist so perfekt.
Hände können unvorstellbar
vielseitig bewegt werden,
von innen her und ohne Energie von außen.
Hände können Wunder vollbringen.
Hände können sprechen
und sagen manchmal mehr als Worte.
Hände können schreiben, was man denkt.
Hände können zeigen, was man fühlt.
Hände können malen und Musik machen.
Hände können einen Traum modellieren
und ein Herz von Sorgen heilen.
Hände können einen trüben Geist
erhellen und aufheitern.

In den Händen liegt heilende Kraft.

Hände sind uns gegeben, um Fühlung zu bekommen mit Mutter Erde, mit der ganzen Natur und mit den Menschen um uns. Hände sind uns gegeben, um geistig gesund zu bleiben. Hände gebrauchen erhellt den Geist. Das wußten die alten Mönche vor Jahrhunderten und arbeiteten fest bestimmte Stunden auf dem Feld. Hände lenken den Geist nach außen hin; so kommt er zur Ruhe, wird erfrischt und erneuert. Der Mensch ist ein wunderbares Ganzes. Aber die ungesunde, unnatürliche Lebensweise hat dieses Ganze zerrissen. Zu viele Menschen sind in ihrem Geist krank und erschöpft.

Mit den Händen arbeiten:
das einfachste, natürlichste und
wirksamste Mittel,
um Menschen geistig zu heilen.

Das Auto und der Mensch

Wir können das Auto nicht vermissen.
Es ist in vieler Hinsicht eine Hilfe,
aber wir dürfen nicht blind sein.

Der Mensch ist verheiratet
mit dem Auto.
Eine unauflösliche Ehe.

Das Auto hat überall
von den Menschen
und vom Land
Besitz ergriffen.
Heilig ist das Auto!
Du sollst es anbeten
mit deinem ganzen Geld
und auch unter Lebensgefahr.
Du sollst ihm auf allen Wegen
den Vorzug geben.
Du darfst kein Haus
ohne Garage bauen.
Platz für das Kind
ist nicht gefragt.
Das Auto ist heilig.

Wenn eine Epidemie ausbricht, die in einem Monat Hunderte von Menschen tötet, wird der Notstand ausgerufen. Wenn bei einem Unglück hundert Menschen auf einmal umkommen, ist das eine nationale Katastrophe. Wenn das Auto jährlich Tausende von Menschen tötet oder für den Rest des Lebens an den Rollstuhl fesselt, dann ist das eine normale Folge des technischen Fortschritts. Wenn einer im Freien ein Feuer macht und der Rauch belästigt die Nachbarn, wird er bestraft. Wenn ein Auto pro 1000 Liter Benzin 290 kg hochgiftiges Kohlenmonoxyd in die Luft spuckt, dann hat keiner etwas gemerkt.

Stoppt das Auto!

Überall, wo es Menschen verdrängt,
wo es Kinder gefährdet,
Fußgänger, Wanderer, Radfahrer.

Macht es dem Auto schwer!

Überall, wo Menschen wohnen,
wo die Natur noch unberührt
und die Luft noch rein ist.

Geh auch mal zu Fuß

Das verändert dein Leben.
Herz, Lungen, Beine,
sie werden dir dankbar sein.
Du begegnest wieder Menschen.
Der Laden ist um die Ecke.
Das Vereinslokal zwei Straßen weiter.
Die Kirche in der Mitte.
Laß das Auto einmal stehen,
vor allem, wenn das Wetter schön ist.
Genieße das Gespräch,
das Lachen und das Spielen mit Kindern.
Gib die Straße den Menschen zurück,
den Kindern und den alten Leuten.
Mach den Kern des Dorfes
und das Herz der Stadt autofrei,
zu einer Oase für einfache Menschen,
zu einer Oase mit sauberer Luft
und mit Herzlichkeit.
Und für Kinder ist es gesund,
zu Fuß zur Schule zu gehen.

Für jeden Menschen
ist irgendwo
ein Stückchen
Himmel auf Erden.

Menschen sind seltsame Vögel

Im Urlaub bekommen sie Flügel
und erheben sich in die Luft.
Je besser sie fliegen können,
desto weiter wollen sie fort.
Fort von ihrer Arbeit und ihrer Umgebung.
Was suchen sie?
Ein Paradies, das die Reiseprospekte
in schönsten Farben malen.
Was finden sie?
Besetzte Campingplätze, teure Hotels, überfüllte
Strände und vorher
stundenlanges Warten in Autoschlangen,
bis sie ganz erschöpft sind und todmüde.

Menschen sind seltsame Vögel.
Sie müssen wieder leben lernen.

*Leben
und die einfachen Dinge
genießen.*

Urlaub! Komm zu dir selbst! Komm zur Ruhe!

Kilometer entspannen nicht. Tausende von Autos, die wie kleine fahrbare Häuschen, eins nach dem anderen, auf Tausenden von Straßen ins Grüne kriechen, verbrauchen viel Energie, machen die Menschen müde und verpesten die Luft.

Komm zu dir selbst! Komm zur Ruhe!

Die Entfernung, die du zurücklegen mußt, ist nicht so groß. Es ist die Entfernung zwischen deiner Außenseite und deinem Inneren. Es geht um dein Inneres. Wenn da kein Frieden ist, wirst du nirgends in der Welt Ferienfreuden finden. Ist Friede und Freude in deinem Herzen, dann kannst du gehen, wohin du willst. Es werden Ferien sein.

*Stille suchen,
Ruhe finden.
Hier wohnt die Freude,
die vor lauter Hektik
und Lärm verlorenging.*

Ferien: Zeit für Freundschaft

Ferien! Wir nehmen uns Zeit,
um zu reisen, um alte Burgen
und Kirchen zu besichtigen,
um uns an warmen Stränden zu sonnen,
um ausgiebig und gut zu essen,
Zeit für Fotos und Souvenirs.
Ferien! Nehmen wir uns Zeit
für die Freundschaft,

Zeit, um bei einem Menschen
in aller Ruhe zu verweilen,
um einem Gesellschaft zu leisten,
der mutterseelenallein ist
mitten im überfüllten Urlaubsort.
Zeit, um dankbar zu sein
für das Leben.
Zeit, um sich zu freuen
an den Wundern der Natur
und um mit ihr
Freundschaft zu schließen.

Mein Mitmensch ist hier!

Warum suche ich ihn so weit weg?

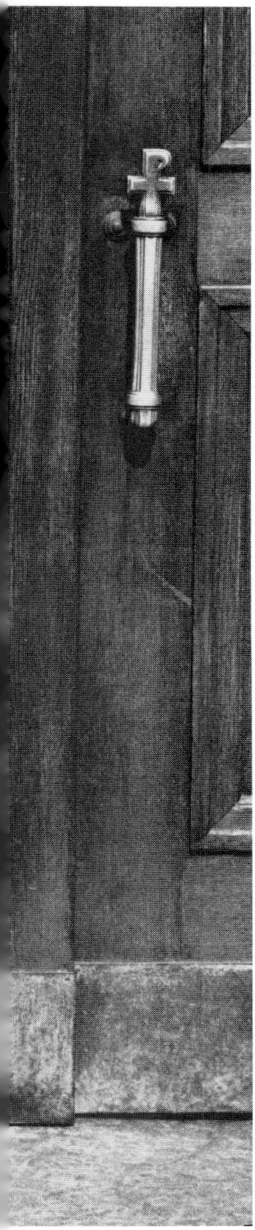

Mein Mitmensch,
der auf meine Liebe wartet,
der meine Anerkennung
und Freundschaft braucht.
Mein Mitmensch,
dem ich helfen kann,
jeden Tag aufs neue,
mit einem freundlichen Blick,
mit einem guten Wort,
mit einer aufmerksamen Hand:
Er wohnt nicht hinter den Bergen,
er wohnt nicht jenseits der Meere.

Mein Mitmensch ist hier!

Mein Mitmensch!
Das ist mein Mann, meine Frau
in meinen eigenen vier Wänden.
Das ist mein Kind und jedes Kind,
das die Wärme meines Herzens sucht.
Das sind mein Vater und meine Mutter,
die alt geworden sind,
die meine Sorge nötig haben,
die vor allem meine Aufmerksamkeit
und kindliche Zuneigung brauchen.

Mein Mitmensch ist hier!

Mein Mitmensch!
Das ist der Kranke nebenan,
der schon lange im Bett liegt
und mich noch nicht gesehen hat.
Das ist der Blinde,
dem ich die Zeitung vorlesen kann.
Das ist der Kollege,
der seine Arbeit verloren hat,
der ganz niedergeschlagen ist
und an den keiner mehr denkt.
Mein Mitmensch.

Meinst du es mit mir gut, dann werde ich besser

So wie das Wachsen und Gedeihen der Pflanzen auf ein günstiges Klima angewiesen, so hängt die volle Entfaltung eines Menschen von dem geistigen Klima ab, in dem er lebt.

Blumen können nicht blühen
ohne die Wärme der Sonne.
Menschen können nicht Mensch werden
ohne die Wärme der Freundschaft.

Menschliches Verhalten wird dadurch bestimmt, was Menschen öffentlich oder insgeheim, bewußt oder unbewußt voneinander halten und füreinander empfinden. Gleichgültigkeit und Mißtrauen bringen Menschen auseinander. Die Atmosphäre kühlt ab, und die Temperatur sinkt unter Null. Einverständnis und Vertrauen bringen Menschen zusammen. Es wird wärmer in der Welt.

Wenn ich Böses denke,
werde ich Böses tun.
Wenn ich Menschen schlecht mache,
werden sie nicht besser.
Wenn ich vom anderen Gutes denke,
gebe ich ihm zu verstehen:
Du läßt mich nicht kalt.
Du bedeutest mir viel.
Du bist der Mühe wert.
Dich muß man gern haben.

Krankhafter Kritiker, du stehst auf der Bremse

Krankhafte Kritiker sind Meckerer, die sich in alles einmischen, Miesmacher, die an allem herumnörgeln, Schwarzseher, die überall nur dunkle Löcher sehen, Abbruchsspezialisten. Sie lassen nichts stehen und nichts liegen und nichts gelten.

Kritik muß sein.

Wahre Kritik entdeckt das Geschwür unter der Oberfläche, aber sucht auch nach dem Heilmittel. Wahre Kritik ist für eine erstarrte Gesellschaft wie eine kalte Dusche, die die Durchblutung fördert, wie eine kräftige Massage, die die Muskeln beweglich macht, wie eine Baumschere, die an einem alten Baum alles, was schlecht gewachsen und vertrocknet ist, wegschneidet, damit der Baum wieder atmen kann, damit er wieder Leben und frische Kraft bekommt. Kritik ist lebensnotwendig.

Krankhafter Kritiker, du stehst auf der Bremse.

Ein krankhafter Kritiker bringt kein neues Leben, weil er selbst tot ist. Er ist selbst das Geschwür, der Ballast. Er bremst überall. Er hemmt jede Bewegung. Er ist wie ein verrückter Gärtner, der im Frühling die Bäume zu Tode beschneidet, weil sie ihm nicht gefallen. Ein Reißwolf macht alles kurz und klein, er hat keine Alternative.

Teste deine Kritik!

Übst du Kritik an anderen, an Gruppen und Gremien, an Vorgängen und Verhältnissen, an Menschen und an Zuständen, weil du die Menschen gern hast, weil dir an ihrem Wohlergehen liegt, weil du neues Leben willst? Dann habe keine Angst, sondern übe Kritik. Deine Kritik wird ein Segen sein!

Geht deine Kritik von ideologischen Voraussetzungen aus? Wird sie getrieben von Kurzsichtigkeit, Eifersucht und Haß? Will sie einreißen, verletzen, fertigmachen? Dann bist du ein krankhafter Kritiker, ein Abbruchsspezialist, der nur Trümmer hinterläßt.

Wenn ich Gutes tue,
hat keiner es gemerkt,
und keiner spricht davon.
Mach ich einen Schritt verkehrt,
haben alle es gesehen,
die ganze Nachbarschaft
weiß Bescheid.

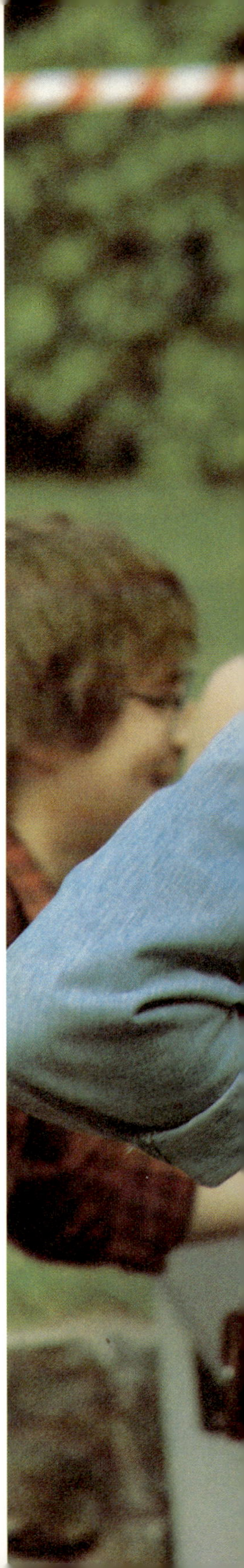

Die schwerste Kritik
ist Selbstkritik

Gesunde Selbstkritik ist das Gegenteil von Grübeln und Zweifeln. Grübeln untergräbt den Grund des Selbstvertrauens. Gesunde Selbstkritik ist niemals negativ. Sie ist keine Selbstverachtung oder Selbstpeinigung. Selbstkritik führt zur Selbsterkenntnis, wirkt befreiend und schützt vor Enttäuschungen. Aber: Selbstkritik ist so schwer.

Menschen greifen einander mit Vorurteilen an. Aus voreingenommenen Stellungen schießen sie einander unbarmherzige Kritik an den Kopf. Extreme Gruppen kritisieren alle anderen in Grund und Boden, dulden aber keinerlei Kritik an sich selbst und in den eigenen Reihen. Unbarmherzige Kritik ist meistens eine Verschleierung der eigenen Unsicherheit und Angst. Kritik ohne Selbstkritik ist eine Flucht vor sich selbst und vor der eigenen Verantwortung.

Die tiefste Befreiung wurzelt im kritischen Anschauen des eigenen Spiegelbildes. Womit bin ich selbst noch nicht im reinen? Warum bin ich so heftig und unausgeglichen gegen andere? Wer in den eigenen Spiegel schaut, wird vielleicht entdecken, warum er sich so hartnäckig gegen bestimmte Menschen oder Gruppen absetzt. Wenn man etwas ehrlicher sich selbst gegenüber wird, wird man auch etwas verständnisvoller für die anderen.

Will ich die Welt verbessern, dann fang ich am besten bei mir an!

Wer Menschen zu Feinden macht

Wer Menschen zu Feinden macht,
knallt die Türen zu,
ballt seine Hände zu Fäusten,
sucht nach Waffen.
In seinem Herzen
ist er bereits ein Mörder.
Das Böse, das Finstere, die Nacht
kann ich hassen.
Lüge, Betrug, Korruption
kann ich hassen.
Aber wenn ich anfange,
Menschen zu hassen,
mache ich sie
zu Opfern meiner Gewalt,
weil ich im Grunde glaube,
sie hätten meine Schläge verdient.

Zwischen „Haß“ und „Mord“ liegt das ganze Elend unserer menschlichen Gerechtigkeit.

Wenn ich Menschen zu Feinden mache …

kann ich nicht mehr mit ihnen reden,
nicht mehr mit ihnen essen,
nicht mehr mit ihnen wohnen,
nicht mehr mit ihnen arbeiten,
nicht mehr mit ihnen leben.

… dann kann ich nur noch gegen sie kämpfen.

Immer sind die Gründe,
weswegen sich Menschen verfeinden,
kleiner und weniger qualvoll
als die Folgen der Feindschaft.

Um Reibungen zu vermeiden,
braucht man in der Maschine Öl
und in der Gesellschaft Liebe.

Menschen gern haben

Ein Mensch ist ein unbegreifbares Wesen, faszinierend und nicht zu fassen. Ich möchte allen Menschen entgegengehen, alle ins Herz schließen. Und doch weiß ich, daß keine einzige Begegnung, keine einzige Beziehung vollkommene Erfüllung findet. Es ist alles so vorläufig, eine vorläufige Seligkeit mit Wolken darüber.

Menschen gern haben – das ist eine große Freude. Nicht so sehr wegen der gelegentlich schönen Verpackung, sondern vor allem wegen des Geheimnisses, des Wunders, des Unendlichen, das tief in jedem Menschen steckt, und um der Freundschaft willen.

Menschen müssen Freunde werden,
echte Freunde.
Ein Freund ist jemand,
der eine Weile mit mir
den gleichen Weg gehen will.
Ich bin nicht mehr allein.
Freunde schauen
nicht so sehr auf sich,
sie schauen gemeinsam
in die gleiche Richtung.
Echte Freunde legen sich nicht
gegenseitig an die Kette.
Das wäre der Tod der Freundschaft.
Freunde machen einander frei.

*Nicht das Geschenk,
die Freundschaft macht's.*

Versöhnung:
Dazu ist es nie zu spät.

Die Sonne am Himmel
unseres gemeinsamen Lebens
wird verdunkelt
durch Wolken von Mißtrauen,
durch den Nebel von Unredlichkeit,
Verdächtigung und Verstellung,
durch die Nacht von Wut und Haß.

Die Sonne in unserem Leben
wird durch die Mauern blockiert,
die wir hochgezogen haben
zwischen den Menschen,
unsichtbare, unheimliche Mauern
in unserer eigenen Wohnung,
in unserem engsten Familienkreis.
Unerbittlich halten wir
die Türen vor denen verschlossen,
die wir nicht mehr sehen wollen.

Versöhnung:

die einzige Hand, die die Wolken
geduldig verdrängt.

Versöhnung:

das erste Licht am Morgen,
das die Nacht allmählich vertreibt.

Versöhnung:

der Schlüssel, der undurchdringliche Türen
endlich wieder öffnet.

Es ist nie zu spät,
sich zu versöhnen,
denn es ist nie zu spät,
zu lieben,
und auch nie zu spät,
glücklich zu sein.

Wer keine Versöhnung will,
bleibt in der Nacht,
und in seinem Herzen
wuchert Friedlosigkeit
wie ein Krebsgeschwür.
Wer keine Versöhnung will,
straft vor allem sich selbst.

Versöhnung mag
unmöglich scheinen,
weil jede Versöhnung
von zwei Seiten kommen muß.
Versöhnung kann man
nicht erzwingen.
Versöhnung muß man säen,
kleine Körnchen Frieden
und Freundschaft.
Versöhnung muß man
wachsen lassen
längs des Weges,
auf dem man anderen begegnet.

Versöhne dich,
so viel es an dir liegt
und so weit du nur irgend kannst,
mit allen Menschen um dich.

Es ist nie zu spät.

Brüderlich teilen

Viele Fragen,
Fragen, von denen alles abhängt,
die aber von den Sachverständigen
niemals gestellt werden,
weil sie jenseits von Wissenschaft
und Technik liegen.

Brüderlich teilen – wie machen wir das? Wagen wir noch darüber zu sprechen? Sind wir Heuchler? Schöne Worte statt Taten? Leben wir wirklich anders?

Brüderlich teilen – wie machen wir das zu Hause? Im Betrieb? In der Schule? Wie teilen wir Verantwortung, Arbeit, Einkommen, die Sorge füreinander? Wie teilen wir in der Familie Freud und Leid? Und wie teilen wir schließlich das Erbe – brüderlich?

Brüderlich teilen – wie machen wir das in unserem Land? Wie wird das Volkseinkommen geteilt? Wer lehnt Erhöhung seines ausreichenden Lohns ab? Wer weist Vergütungen oder Honorare zurück, wenn sie in keinem Verhältnis zur gebotenen Leistung stehen? Wann geben die teuren Menschen aus den höchsten Einkommensklassen ein Beispiel des Maßhaltens? Warum sucht jeder sich möglichst viele Vorteile vom Staat zu verschaffen und sich gleichzeitig möglichst vielen Belastungen zu entziehen?

Brüderlich teilen – wie geht das in der Welt zu, unserem großen Dorf? Die größte Krankheit des reichen Westens ist die Gleichgültigkeit gegenüber dem Schicksal der Armen. Die teuren internationalen Konferenzen scheitern eine nach der anderen. Der Westen lebt und stirbt in geschlossenem Kreislauf des eigenen monströsen Egoismus.

Wollen wir überleben,
dann müssen wir anders leben,
andere Werte wichtiger nehmen
als Geld und Bequemlichkeit,
einen neuen Lebensstil entwickeln.
Wir werden erst brüderlich teilen,
wenn wir das können:

Brüderlich leben

Mein Bruder

Du bist mein Bruder nicht,
wenn du nur von deinem Überfluß gibst,
wenn ich nirgendwo dein Herz fühle,
wenn in deiner Gabe keine Freundschaft liegt.

Du bist mein Bruder nicht,
wenn du von mir nichts erwartest,
wenn ich dir nichts geben kann.

Du bist mein Bruder nicht,
wenn du denkst, ich sei arm,
weil ich das nicht habe, was du hast,
wenn du denkst, ich sei faul,
weil ich nicht so hektisch bin wie du,
wenn du denkst, ich sei abhängig,
weil du deine eigenen Zwänge nicht siehst,
wenn du denkst, ich sei dumm,
weil ich deine Schulzeugnisse nicht habe.

Du kannst nur mein Bruder sein,
wenn ich dein Vater, deine Mutter, dein Kind,
dein Bruder und deine Schwester sein kann,
wenn ich deine Familie sein kann.

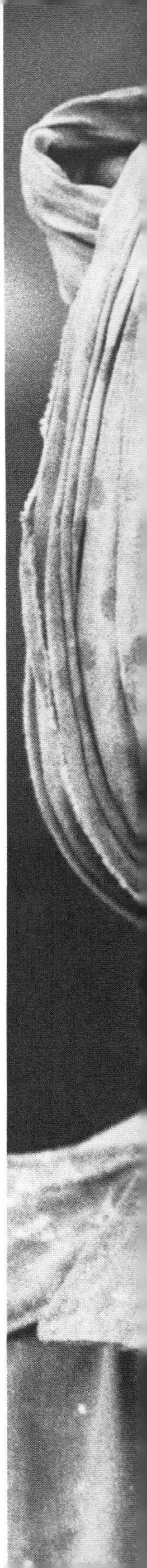

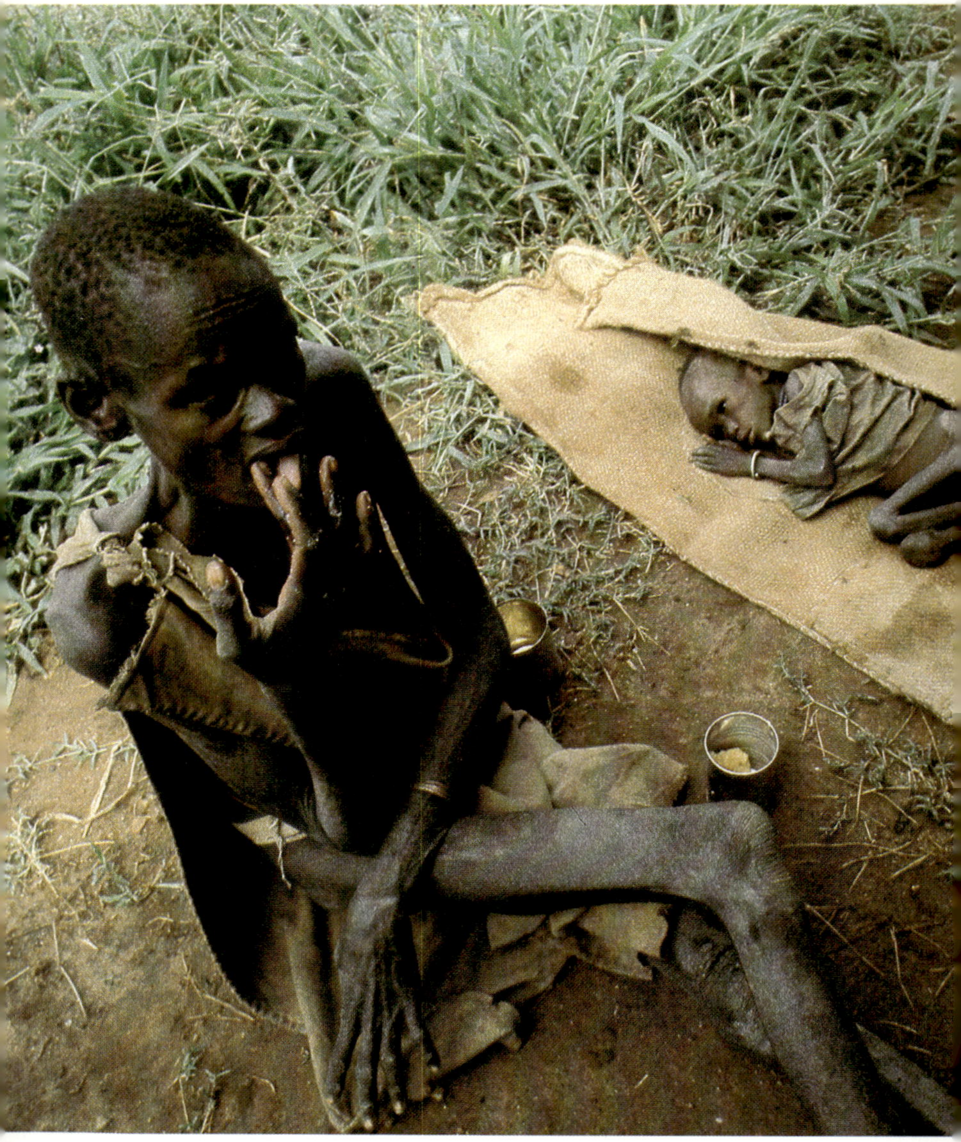

Sie haben Hunger

Die Armen, die zusehen müssen,
wie ihre Kinder vor Hunger sterben.
Die Landarbeiter in so vielen Ländern,
die ausgebeutet werden
und die sich bücken müssen
vor Großgrundbesitzern und Generälen.

Die Dissidenten der Ostblockländer,
die in Straflagern und Irrenhäusern
unmenschlich behandelt werden,
weil sie gegen ein diktatorisches Regime
Widerspruch erhoben haben.
Die Namenlosen, die verfolgt,
gefoltert und ermordet werden
wegen ihrer Forderung nach Gerechtigkeit,
wegen ihrer politischen Richtung,
ihrer Religion oder wegen nichts.
Die Benachteiligten im eigenen Land,
über die so viele reden und schreiben
und für die so wenige
auf Dauer etwas tun,
mit dem Einsatz ihrer eigenen Person.

Sie haben Hunger

nach Brot und Arbeit,
nach Gesundheit und Ausbildung,
nach Gerechtigkeit,
nach Frieden in Freiheit,
nach einem menschenwürdigen Leben.

Was können wir tun?

Wenn die Not von Menschen nebenan
und weitweg in fernen Ländern zu groß wird,
dann fühlen wir die Ohnmacht unseres Herzens
und die Grenzen unserer Kraft.
Ein unstillbarer Schmerz erfaßt uns,
er hält unser Gewissen wach
und drängt uns zu Taten,
die das Leid der Menschen teilen.

Gibt es noch Hoffnung?

Die Hoffnung der Armen lebt in jedem Menschen, der sich von Macht und Besitz gelöst hat und stillschweigend das Leben der Armen teilen will. Die Hoffnung lebt in Tausenden von Menschen bei uns, die alles aufgegeben haben, ihr warmes, sicheres Zuhause im Westen, ihren Besitz, ihre Karriere, die ihre Gesundheit aufs Spiel setzen, um in den Slums der Weltstädte, in der Dürre der Steppe, in der Unwirtlichkeit der Hochplateaus oder sonst irgendwo die Lebensbedingungen, das Elend und die Unsicherheit der Allerärmsten zu teilen. Sie sind „Brot" für die Armen, brüderlich geteiltes Brot.

Die Hoffnung der Armen lebt nicht in den großen Prestigeobjekten, für die so viele Entwicklungsgelder verschleudert werden, sondern in den unscheinbaren Oasen, in den kleinen Initiativen, bei denen die Armen aktiv werden. Die Hoffnung der Armen lebt in jedem von uns, den das Jammern und Klagen über unsere Krise anekelt und der Konsequenzen zieht aus der wirklichen Krise von Millionen, die Hunger haben.

Wo brüderlich
geteilt wird,
wächst Hoffnung.

Keiner hat Recht auf ein Vorrecht!

Wenn Menschen Anerkennung und Dank finden für Dienste, die sie anderen Menschen, die sie der Gemeinschaft erwiesen haben, dann ist das ein gutes Zeichen. Anerkennung und Dank können Ausdruck finden in Form eines Geschenkes oder einer Vergünstigung; auch das ist menschlich und gut. Wenn aber Geschenke oder Vergünstigungen eine fortdauernde Vorzugsstellung gegenüber gewöhnlichen Menschen verleihen, muß man von Privilegien sprechen, es entsteht eine Klasse von Privilegierten.

Sogenannte erworbene Rechte sind häufig erzwungene Privilegien. Ein Vorrecht kann ein Unrecht sein, wenn es dazu beiträgt, daß andere nicht bekommen, worauf sie ein Recht haben. Niemand hat Recht auf ein Vorrecht. Rechtlich sind alle Menschen gleich. Wie lange warten Bevorrechtigte noch, daß sie in dieser Krisenzeit freiwillig von ihren Vorrechten zurücktreten?

Der Behinderte – mein Mitmensch

*Die schwersten Hindernisse
für Behinderte liegen
im Herzen ihrer Mitmenschen.*

Den Behinderten als Mitmenschen annehmen, mit ihm leben. Grundlage für jede menschliche Gemeinschaft ist die Ehrfurcht vor dem konkreten Menschen mit seinen Möglichkeiten und mit seinen Grenzen, mit seinen Chancen und mit seinen Qualitäten. Jeder muß sein eigenes Menschsein im gewöhnlichen täglichen Leben möglichst gut verwirklichen können. Ein gesundes Zusammenleben erwächst niemals aus Gesetzen und Vorschriften oder aus wissenschaftlichen Theorien, sondern bildet sich immer um konkrete Menschen herum, die „Licht" in sich tragen, die Anziehungskräfte ausstrahlen, Verläßlichkeit und Vertrauen, die wirklich „Mensch" sind. Behinderte Menschen tragen manchmal mehr zur Gemeinschaftsbildung bei als jene, die davon den Mund voll nehmen. Immer geht es um Anerkennung, Aufmerksamkeit, Wertschätzung, Freundschaft von Mensch zu Mensch.

Wer mit behinderten Menschen jahrelang lebt, empfindet die wissenschaftlichen Studien darüber häufig als Barriere. Konkrete Sorge für Behinderte zeichnet sich durch eine große Ehrfurcht aus. Zu viele distanzierende Theorien töten das zerbrechliche Geheimnis des einzelnen Menschen. Der Behinderte braucht kein Mitleid von oben herab, Paternalismus empfindet er als erniedrigend und manchmal geradezu quälend.

Kleiner Mensch, für mich bist du groß!

Nie steht dein Name in der Zeitung.
Nie läßt man dich vorgehen.
Unauffällig stehst du
mit vielen anderen im Schatten.
Du machst deine Arbeit,
jeden Tag deine gewöhnliche Arbeit.
Du bist der unbeachtete Fußgänger,
der vor den Autos zur Seite springen muß.
Du fährst mit dem Rad,
und wenn es regnet,
spritzen dich die Autos schmutzig.
Du kommst nach Hause,
und die Kinder hängen dir am Hals.

Kleiner Mensch, für mich bist du groß!

Kleiner Mensch, du bist nicht reich.
Du hast keine Bankverbindung.
Du hast Hände, um zu geben.
Du bist nicht links und nicht rechts.
Du gebrauchst nicht die Fäuste.
Du lachst und hast Menschen gern.
Kleiner Mensch, du bist einfach Mensch,
und darum bist du groß.

Kleiner Mensch, für mich bist du groß!

Vielleicht hast du niemand,
und du bist ganz allein.
Niemand sieht, wenn du gehst.
Niemand wartet, wenn du kommst.
Niemand weiß, daß du da bist.
Niemand sagt zu dir: Guten Morgen!
Niemand sagt zu dir: Gute Nacht!
Du redest mit deiner Katze
oder mit deinem Hund.
Du freust dich über die Kinder
auf der Straße.
Du sitzt auf der Bank im Park,
du hast für die Vögel
etwas zum Picken mitgebracht.
Den kleinen Dingen bist du nahe.
Du bist der Natur nahe.

Kleiner Mensch,
für mich bist du groß!
Du bist die letzte Lunge
dieser Welt,
durch die ich noch atmen kann.

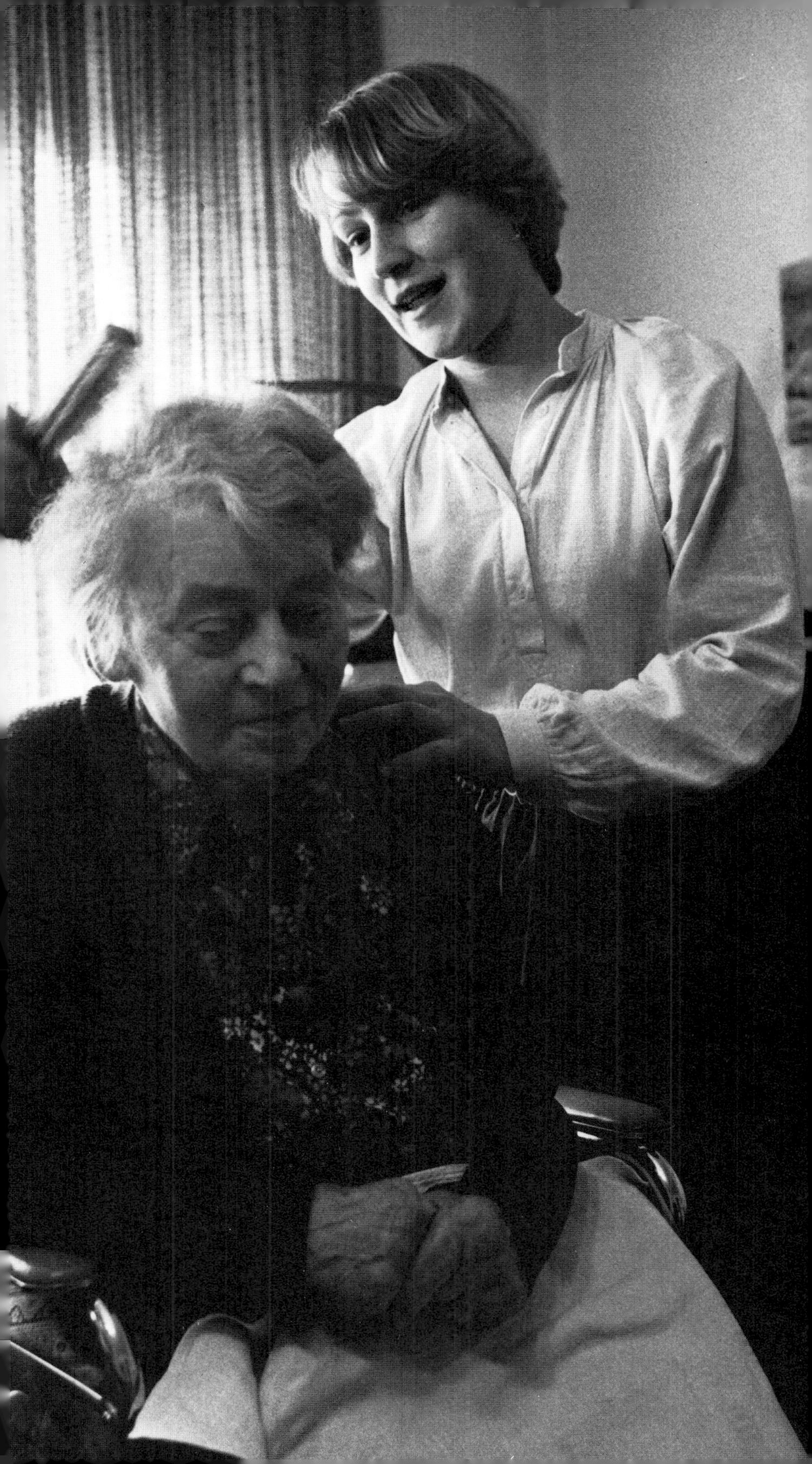

Sagst du zu einem Menschen:
Wie tüchtig du bist!,
dann reckt er seine Nase höher.

Sagst du zu einem Baum:
Wie schön du bist!,
dann neigt er sich zu seinen Wurzeln.

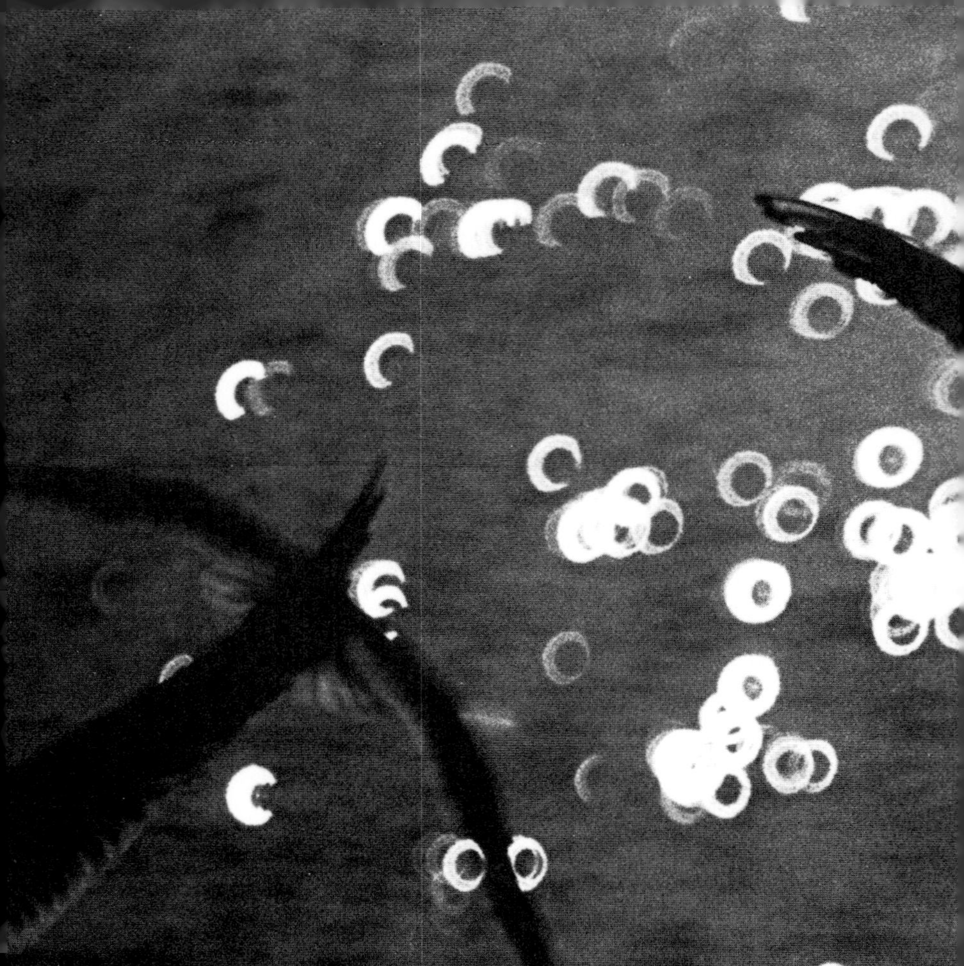

Der glücklichste Fisch

Ein Fisch sah eine Möwe, wie sie sich auf den Wogen des Meeres wiegte und wie sie mit den Winden spielte. Der dumme Fisch dachte: Die Möwe muß viel glücklicher sein; sie kann sich auf den Wogen des Meeres wiegen und mit den Winden spielen. Am Ufer stand ein Affe und träumte. Zu ihm sprach der Fisch: Hol mich aus dem Wasser heraus! Der Affe brachte den Fisch ans Land. Es dauerte nicht lange, und der Fisch bekam Tränen in die Augen, Tränen der Reue. Er fühlte den Tod nahen, und er flehte um Wasser. Da kam eine große Welle und warf den Fisch ins Meer zurück.

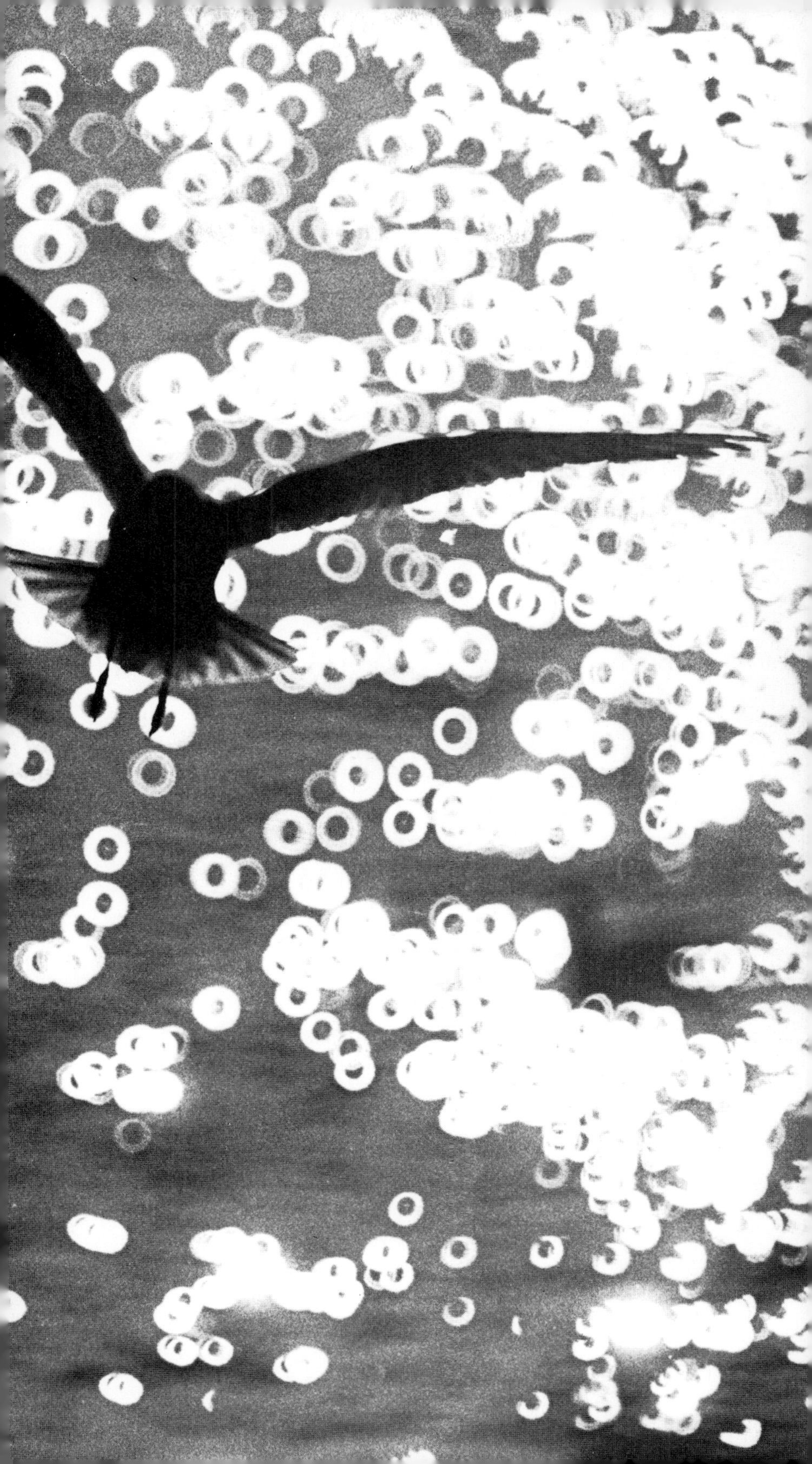

Ein Zuhause

Wer kein Zuhause hat, ist sein Leben lang
auf der Suche nach Geborgenheit,
auf der Suche nach Menschen,
die ihn aufnehmen und gern haben,
bei denen er Wärme findet und Halt.
Menschen suchen ihr Leben lang
auf vielen Wegen, Umwegen und Irrwegen
nach einem warmen Nest,
nach einem vertrauten Schlupfwinkel,
nach einem behaglichen Hafen.

Wo Menschen
miteinander
und füreinander
leben,
wird auch das
ärmlichste Haus
ein behagliches
Zuhause.

Sie suchen einen Tisch und ein Dach,
ein wenig Brot und ein wenig Wein,
ein gutes, offenes, gastfreundliches Herz,
eine stille menschliche Gegenwart
und ein Lied am Abend und am Morgen.

Was bin ich mit einer Prachtwohnung,
mit einem Luxuswohnzimmer,
mit den raffiniertesten technischen Anlagen,
wenn keiner lacht und keiner singt,
wenn jeder seine eigenen Wege geht,
wenn die Menschen wie Mumien leben –
längst gestorben füreinander!

Ein einfacher guter Vater – der ist unbezahlbar.

Ein einfacher guter Vater ist kein Patriarch, der alles diktiert und keinen Widerspruch duldet. Er ist kein Nur-Verdiener, der nur seine Arbeit kennt und keine Zeit übrig hat, um einfach ein einfacher guter Vater zu sein.

Ein einfacher guter Vater ist ein Mann, der zusammen mit seiner Frau aus einer Wohnung, einem Häuschen oder einer Unterkunft ein Zuhause macht, wo man leben kann, wo man lacht und weint, wo man sich streitet und wieder versöhnt und wo sich alle wohl fühlen.

Ein einfacher guter Vater ist ein Mann, der die Chance auf Beförderung fahren läßt, um mehr zu Hause sein zu können. Ein Mann, der mit seinem Vereinslied das Baby in den Schlaf wiegt, der mit den Kindern spielt, der kochen und abwaschen kann und der in Ruhe gelassen werden will, wenn er einmal einen schlechten Tag hat.

Ein einfacher guter Vater gibt mehr Geborgenheit im Haus als alle Gebäudeversicherungen der Welt. Mit einem einfachen guten Vater lösen sich viele Probleme von selbst, mit denen sonst die Psychiater zu tun haben.

Einfach gut sein, das kann man nicht verbessern.

Wer sich über ein Kind freut,
freut sich über das Leben.

Wenn du klein bleibst,
wirst du groß.

Von Kindern
können wir viel lernen.

Ein junger Mensch

ist mehr als ein Computer,
der gefüttert werden muß.
Das Wichtigste, was ein Mensch
in seinem Leben lernen muß, ist:

Liebe lernen

Liebe zur Natur.
Liebe zu Menschen.
Liebe zu allem,
was schwach ist.
Liebe zum Geheimnis.

Allein in Liebe kann ein Mensch
Mensch werden.

Wann hören wir wieder
junge Menschen
in den Straßen singen,
weil sie sich
über das Leben freuen?

Ihr Großen, freut euch über das Kind!

Das Kind ist im Westen ein vergessener Wert. Ein „Jahr des Kindes" ändert daran im Grunde nichts. Das Kind, das in der Dritten Welt der größte Reichtum der Armen ist, hat im Westen vor dem Reichtum der Reichen weichen müssen. Wo die Menschen von Wohlstand, Auto, Freizeit besessen sind, ist kein Platz mehr für das Kind.

Ihr Großen, kehrt zurück zum Kind!

Die Chancen eines Kindes hängen nicht an erster Stelle vom materiellen Wohlstand oder vom Bildungsniveau ab. Lebenschancen und Glückschancen jedes Kindes hängen von der Qualität von Vater und Mutter ab, von der Qualität der Liebe, die es vom ersten Augenblick an erfährt.

Meistens ist das Kind im Westen entweder übermäßig verwöhnt und verzärtelt oder verwahrlost und im Stich gelassen. Wenn sich unser Lebensstil nicht ändert, wird niemand verhindern, daß einmal Kinder aus den armen Ländern den Westen bevölkern werden. Bei uns sind Kinder nicht willkommen und nicht einmal im Mutterschoß sicher – ein Beweis, daß unsere Völker trotz aller schönen Theorien todkrank sind.

Ihr Großen,
macht Platz für
das Kind!

In alten Menschen

Es gibt alte Menschen, die vor Egoismus erstarrt sind und ihre Umgebung regelrecht tyrannisieren. Es gibt alte Menschen, die durch körperlichen und geistigen Verfall eine schwere Last geworden sind; wir müssen ihnen mit viel Liebe und Geduld helfen, ihre Last zu tragen.

Aber in vielen alten Menschen schlummern Schätze. Du mußt sie zu entdecken wissen. Habe Zeit für alte Menschen! Es wird zu viel über sie gesprochen, über ihre Rente, über ihre Wohnung, über ihre kleinen und großen Leiden, aber es wird zu wenig mit ihnen gesprochen. Rede mal mit ihnen. Vor allem höre solchen alten Menschen zu,

Alte Menschen –

schlummern Schätze

die noch nicht vom unmenschlichen Lebensstil der Großstadt angefressen sind, Menschen vom freien Land. Du wirst staunen über ihre Lebensweisheit, ihren Humor, ihre Philosophie, ihre Ruhe, ihre Sicherheit, über den Frieden ihres Herzens.

Alte Menschen erweisen tausend kleine Dienste, wofür andere bezahlt werden müssen. Sie sind für unsere gefühlsarme Gesellschaft Wegweiser zu den wahren Lebenswerten. Sie machen uns oft mit viel Humor aufmerksam, wie wenig wichtig so manches ist, wofür wir uns abhetzen und abrackern.

kostbare Menschen!

Gelassenheit

Der Herbst fängt an.
Ich sehe es im Garten,
an den Bäumen und Büschen.
Ich spüre es an der Luft
und den eigenen Gliedern.
Der Sommer ist
unwiderruflich vorbei.
Gegen den Herbst
ist kein Kraut gewachsen.
Aber der Herbst ist schön
und kann so reich an Farben sein.
Die letzten Freuden des Lebens
sind stiller, aber auch tiefer.
So will ich den Herbst
ruhig zu mir kommen lassen.

Das Saatkorn sieht die Ähre nicht

Das Los derer, die Leben geben,
ist es, gerade daran zu sterben,
so wie ein Getreidekorn, eine Saatkartoffel,
ein Fruchtkern und ein jedes Samenkörnchen,
aus dem neues Leben wächst, abstirbt
und abgestoßen und vergessen wird.
So soll ein guter Mensch immer darum wissen,
daß er bei allem, was er zum Leben bringt,
abstirbt und in Stille abgestoßen wird,
weil er entbehrlich geworden ist.
Sich hiermit zu versöhnen
ist wahre Lebenskunst,
denn in dieser Versöhnung,
in der vollen Zustimmung zu diesem Sterben
liegt die allerreichste Frucht verborgen,
die Frucht tiefer Freude am Leben.

Ja zum Leben!

Leben heißt, Menschen und Dinge umarmen
und wieder loslassen,
daß sie grünen und blühen
vor Gottes Angesicht.

Leben heißt, dankbar sein
für das Licht und die Liebe,
für die Wärme und Zärtlichkeit,
die in Menschen und Dingen
so einfach gegeben sind.

Leben heißt, alles ansehen als Gottes Gabe,
alles seine Gabe sein lassen,
nichts und niemand besitzen
und jauchzen über jeden Stern,
der vom Himmel fällt.

Nur Optimisten werden überleben.

Übertragung aus dem Niederländischen: Ulrich Schütz
Gestaltung: Erich Priester

Fotos: Rudolf Dietrich (S. 21, 23, 42, 62); Rainer Fichel (S. 8, 24, 37, 106); G.P.A. (S. 12, 32, 53 [3], 57, 65, 79 [2], 86, 89, 104, 108, 111); G.P.A./Will McBride (S. 41, 53 [2], 74, 118); G.P.A./R. Sellay (S. 53); Barbara Klemm (S. 38, 85, 91, 94, 112, 117); Kunst/present (S. 6); Markus (S. 26, 29, 31, 40, 58, 69, 70, 73, 76, 114); Thomas Müller (S. 55); Karsten de Riese (S. 15, 53, 97, 119); Manfred Richter (S. 67); H. R. Uthoff (S. 30, 47, 53 [3], 92, 116); Manfred Vollmer (S. 34, 44, 53 [2], 60, 80, 100, 102). Umschlagvorderseite: Markus; Umschlagrückseite: Rolf Christmann.
Zeichnungen: Paul Reding (S. 16); Saul Steinberg (S. 11, 90, 96); Jules Stauber (S. 3, 5, 51, 71).

Zu diesem Buch erscheint eine Toncassette
im Christophorus-Verlag, Freiburg i. Br.:
Phil Bosmans, Ja zum Leben
Eine Cassette mit Texten und Musik zum gleichnamigen Buch. MC, 16 Seiten Text, beides in einer Schachtel. Best.-Nr. 70745

1. Auflage Mai 1983
2. Auflage Juni 1983
3. Auflage Juli 1983

Herstellung: Freiburger Graphische Betriebe 1983
ISBN 3-451-19888-6